LES "ZEPPELINS"

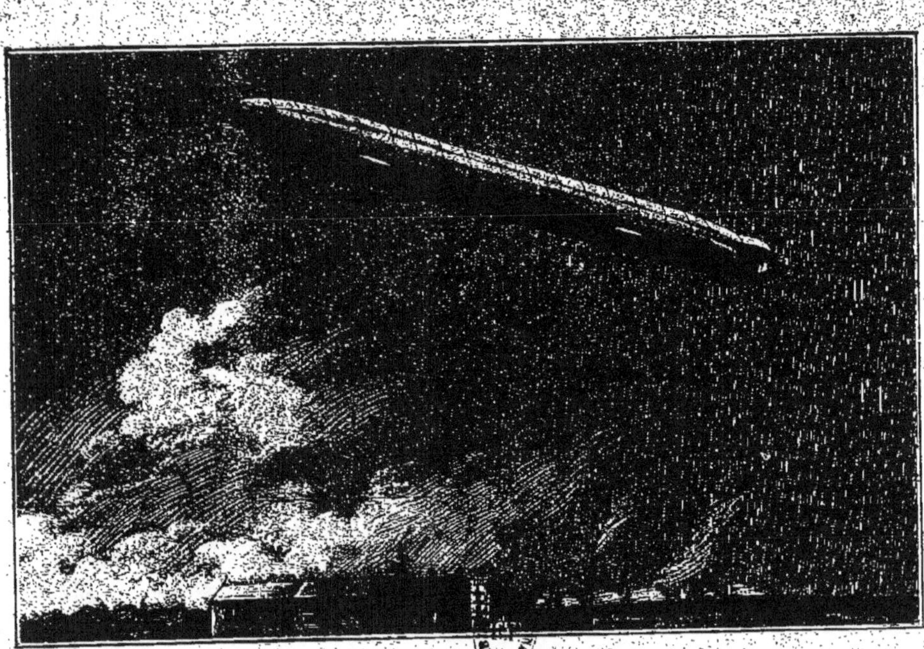

Un Zeppelin de la Marine en plein vol. — Ce dirigeable est le L-I, type marine, qui fut englouti dans la mer du Nord par la tempête au large d'Héligoland.

LES "ZEPPELINS"

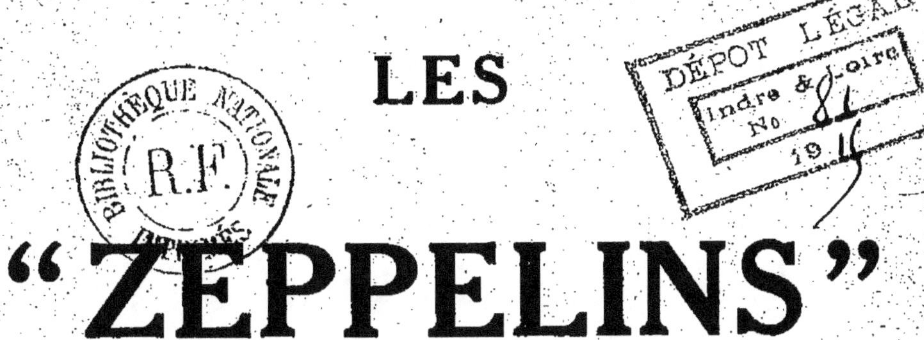

Par

GEORGES BESANÇON

Secrétaire Général de l'Aéro-Club de France

1915

BLOUD ET GAY, Éditeurs

7, Place Saint-Sulpice, PARIS

—

Tous droits réservés.

LES ZEPPELINS

Les Zeppelins sont les plus connus et les plus justement réputés des dirigeables allemands. Par leur forme originale et caractéristique, par leurs dimensions vraiment colossales, par le principe de leur construction, par leurs premières randonnées qui suscitèrent au delà du Rhin un enthousiasme indescriptible et aussi par les retentissantes catastrophes auxquelles ils ont donné lieu, ils ont fait connaître aux quatre coins du monde le nom de Zeppelin. Ils se sont imposés en Allemagne où ils sont de beaucoup les plus populaires et les plus nombreux dans la flotte aérienne militaire, au point que, pour beaucoup de gens, « Zeppelin » est synonyme de « dirigeable allemand ».

L'armée allemande possède cependant d'autres genres de dirigeables : les « Parseval » qui sont du type souple, les « Gross-Basenach » du type semi-rigide et les « Schutte-Lanz » du type rigide. Mais ces ballons sont peu nombreux et la plupart sont de petits cubes. Alors que les « Zeppelin » atteignent 30.000 mètres cubes, les « Parseval » ne dépassent pas 10.000 mètres cubes et les « Gross » 13.000 mètres cubes. On aura une idée de la vogue

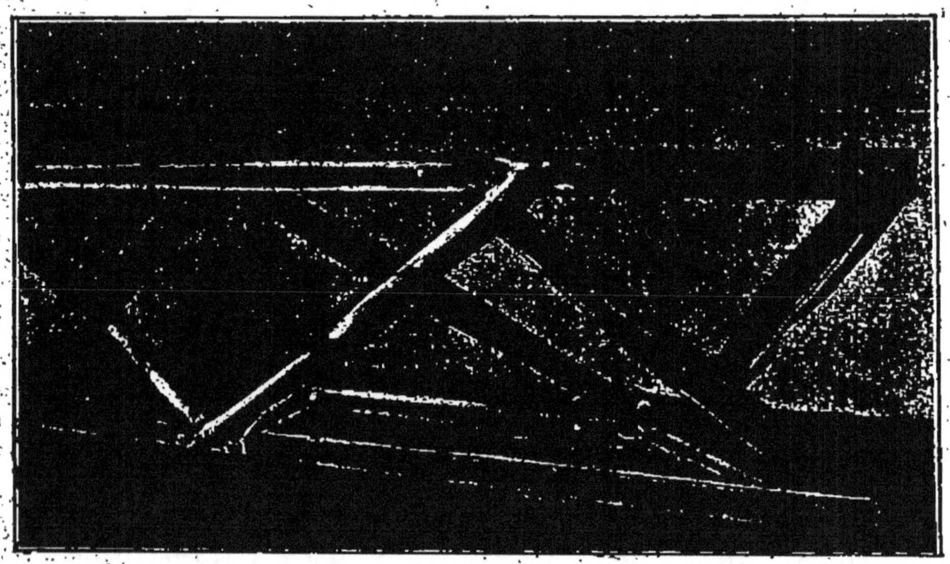

Une poutre de Zeppelin. — *Cette poutre triangulaire provient du Zeppelin abattu par l'artillerie française près de Badonvilliers, en Lorraine.*

dont jouissent les « Zeppelin » dans la flotte aérienne allemande par ce fait qu'au milieu de 1913 il y avait en service dans l'armée et la marine de nos voisins : 3 « Parseval », 2 « Gross », 1 « Schutte-Lanz » et 14 « Zeppelin ».

I. — Aperçu historique.

La conception de ces aérostats est due au général comte Ferdinand de Zeppelin, alors aide de camp général du roi de Wurtemberg. Le comte de Zeppelin est né à « l'Ile », près de Constance, sur les bords du lac. Sa mère était d'origine française. De bonne heure il embrassa la carrière militaire, prit part à la guerrre de Sécession, à la campagne d'Autriche, puis à la guerre franco-allemande. Il faisait partie, en qualité de lieutenant, de la reconnaissance de cavalerie qui s'aventura la première en territoire français et fut détruite par les chasseurs à cheval du lieutenant de Chabot. Le comte de Zeppelin seul parvint à s'échapper, rapportant de précieux renseignements sur les positions des troupes du maréchal Mac-Mahon. Il combattit ensuite à Wœrth, puis autour de Paris, et reçut la croix de chevalier de Wurtemberg et la Croix de fer.

Ces faits d'armes, suivis d'une carrière militaire noblement remplie, firent du comte une personnalité en vue de l'Allemagne. Mis en disponibilité en 1890 à la suite des grandes manœuvres, il en conçut une profonde douleur et se retira de l'armée. Les expériences de Renard et Krebs l'avaient vivement impressionné; il s'adonna à la réalisation de son aérostat, dans lequel il voyait un engin de reconnaissance militaire. Possesseur d'une grande fortune, il l'engagea peu à peu tout entière pour le triomphe de ses idées, après des échecs successifs, conservant à travers tous les déboires une obstination ferme et une ténacité remarquable.

Le premier dirigeable qu'il construisit jaugeait 11.300 mètres cubes. Il avait 128 mètres de long, 11 m. 60 de diamètre, et était mû par deux moteurs de 16 HP. Il n'y avait ni empennage, ni gouvernail de profondeur; les manœuvres se faisaient au moyen d'un poids qu'on déplaçait d'une nacelle à l'autre le long d'un câble. En raison des difficultés de maniement à terre d'un pareil colosse, il fut monté à Manzell, sur la rive wurtembergeoise du lac de Constance, sous un vaste hangar flottant, construit sur des pontons et ancré près du bord. Ce mode de garage qui constituait, en somme, le premier hangar orientable, fit croire pendant plusieurs années que les Zeppelins ne pouvaient atterrir sur le sol ferme. Le ballon effectua trois sorties de juillet à octobre 1900. L'armature trop faible avait fléchi et les moteurs, de trop faible puissance, n'imprimaient qu'une vitesse insuffisante à l'aéronat.

Le comte de Zeppelin se remit à l'œuvre et en 1905 il procédait aux essais d'un second dirigeable

Zeppelin de 19.500 mètres cubes. — Ce dirigeable est le Z IV qui fut obligé d'atterrir à Nancy. On voit très nettement le détail des empennages et organes de gouverne.

de 10.400 mètres cubes, mû par deux moteurs de 85 HP. Ces essais se terminèrent par la destruction du ballon qui alla s'échouer en Suisse. Le comte de Zeppelin ne se découragea pas, il employa les parties utilisables du ballon et en mit un nouveau en chantier, qui fut cette fois muni de plans fixes et de gouvernails de profondeur. Le comte, qui pilotait en personne son aéronat, réussit plusieurs sorties heureuses avec une dizaine de personnes à bord, mais une tempête fit subir de graves dégâts au hangar flottant, endommageant sérieusement l'avant du ballon qui y était garé.

Un nouvel aéronat plus grand encore que les précédents fut construit : il jaugeait 15.000 mètres cubes, mesurait 136 mètres de long et était mû par deux moteurs Daimler de 110 HP. Le 3 juillet 1908 il accomplit, au-dessus du territoire suisse, un circuit de 379 kilomètres en 12 heures. Du coup, le comte de Zeppelin passa au rang de célébrité nationale ; l'enthousiasme de l'Allemagne fut soulevé, les plus hauts dignitaires de l'Empire voulurent prendre place à bord du dirigeable. Le comte de Zeppelin annonça qu'il tenterait le 14 juillet le raid aérien de Manzell à Mayence. Ce voyage, que toute l'Allemagne attendait, fut retardé par plusieurs accidents et ce n'est que le 4 août qu'il fut entrepris et accompli dans de bonnes conditions avec 12 personnes à bord. Mais au retour, forcé d'atterrir à Echterdingen, non loin de Manzell, le ballon prit feu par une cause mal définie et fut consumé sous les regards atterrés du comte de Zeppelin. N'importe, l'aéronat avait accompli une randonnée de 600 kilomètres en 20 h. 41, la plus longue de beaucoup qu'un dirigeable ait jamais effectuée à cette époque. Le sentiment populaire allemand était surexcité. La perte du ballon fut un deuil national et la nation voulut donner au comte les moyens de continuer son œuvre. Une souscription produisit en trois mois la somme énorme de 7 millions et demi; un immense hangar et une usine à hydrogène furent édifiés à Manzell.

Le Gouvernement tint d'ailleurs à venir en aide au comte et lui commanda des dirigeables pour l'armée. Le premier livré à la guerre, sous le nom de *Zeppelin-I*, bien qu'en réalité ce soit le cinquième construit, réussit plusieurs sorties heureuses, notamment une randonnée de 250 kilomètres et une ascension avec 26 personnes à bord. Pendant ce temps-là, le *Zeppelin-II* tente de se rendre de Manzell à Berlin; obligé de rebrousser chemin au-dessus de Bitterfeld, à 160 kilomètres de la capitale, il doit atterrir à Göppingen où il est fortement endommagé à l'atterrissage. Six mois après, le même *Zeppelin-II* réparé, revenant de Hambourg, est obligé de prendre terre à Limbourg; il brise ses amarres et va s'abattre à Weilburg, ensevelissant un château et son parc. Ces échecs causent une grosse déception en Allemagne et, pour en atténuer l'effet, le raid « Manzell-Berlin » est de nouveau tenté par le *Zeppelin-III* qui arriva à Berlin au jour fixé par l'Empereur, non sans de nombreux accidents de route.

Les débris du Zeppelin de la marine L-2 après son explosion au-dessus de Johannisthal, le 17 octobre 1913.

Mais les mécomptes successifs donnés par les Zeppelins ont calmé l'enthousiasme du début; l'autorité militaire, malgré la pression de l'Empereur, ne leur est pas favorable.

Privé du concours de l'armée, le comte de Zeppelin cherche un débouché du côté du tourisme aérien. Le *Deutschland* (Z-4), de 19.000 mètres cubes et de 148 mètres de long, est affecté à un service régulier entre Manzell et Dusseldorf. Le prix du passage est de 200 francs. Entre les deux nacelles est installée une vaste cabine vitrée avec sièges, tables, buffet-restaurant, toilette, etc., pour vingt passagers.

Une première excursion, entreprise avec treize passagers, rend un instant confiance à l'Allemagne, mais au cours d'un autre voyage, ayant à bord les représentants de la presse allemande spécialement convoqués, le ballon est jeté par la tempête sur la forêt de Teutobourg où il est détruit. Quelque temps après, l'imprudence d'un ouvrier cause un incendie qui consume le *Zeppelin-V* dans son hangar.

Malgré tous ces déboires, le comte de Zeppelin persiste à construire, tandis que continue la série des catastrophes. Nous sommes en 1911. Le *Schwaben* (17.000 mètres cubes et 140 mètres de long) prend feu à Dusseldorf le jour anniversaire de sa première sortie. Quarante et une personnes sont blessées. L'État fait cependant quelques commandes au comte de Zeppelin, mais les ballons militaires n'ont pas plus de chance. On se souvient de la mésaventure survenue au *LZ-16*, qui dut atterrir en France, près de Lunéville, et ne put repartir que soulagé d'un de ses moteurs. Puis ce fut la perte du dirigeable *L-1* de la marine (22.000 mètres cubes) entraîné par la tempête et englouti dans la mer du Nord, au large d'Héligoland, avec la plus grande partie de son équipage; et enfin la plus retentissante de toutes : l'explosion du *L-2* (27.000 mètres cubes, 158 mètres de long) qui prit feu en l'air, au-dessus de Johannistahl, pendant les essais de réception, entraînant dans sa chute l'équipage civil et militaire, la Commission de recettes, soit au total 27 personnes, qui périrent carbonisées sous les débris de l'aérostat.

Toutes ces catastrophes portent à 10 le nombre des Zeppelins détruits par la tempête. Il convient d'ajouter qu'à côté de ces sinistres, les Zeppelins ont accompli, pendant ce temps, des performances remarquables qui justifient, en partie, la confiance qui leur a été conservée outre-Rhin.

Sans nous livrer à une énumération fastidieuse de ces performances, qu'il nous suffise de rappeler que depuis 1910 jusqu'au début de 1913, les 14 Zeppelins construits ont effectué à eux tous 768 voyages d'une durée totale de 1.993 heures (2 h. 36′ environ de moyenne par excursion). Au cours de ces randonnées ils ont parcouru 104.804 kilomètres, plus de 136 kilomètres de moyenne par sortie, et transporté 15.000 passagers (plus de 19 passagers en moyenne par sortie). Les sorties des Zeppelins militaires, sur lesquels il est impossible d'avoir des renseignements exacts, restent en dehors de cette statistique.

L'équipage du Zeppelin L. 2, qui périt dans la catastrophe du 17 octobre 1913 au-dessus de Johannisthal.

II. — Description d'un Zeppelin.

Le type rigide, ses avantages et ses inconvénients. — La caractéristique des Zeppelins est d'appartenir au type rigide, c'est-à-dire que le gaz est réparti dans une série de ballons enfermés dans une charpente rigide. Les avantages de ce système sont qu'en cas de déchirure de l'enveloppe, un seul ballon est affecté, et l'aéronat peut continuer à se soutenir et à naviguer en l'air.

En second lieu, le gaz léger, protégé par le matelas d'air interposé entre la carène et les réservoirs, est beaucoup moins sensible aux variations de température extérieure. En troisième lieu, ce système réalise une excellente liaison rigide entre les nacelles, les hélices et la carène et il n'y a pas, comme dans les souples, à surveiller les ballonnets à air et les ventilateurs chargés de maintenir une pression suffisante à l'intérieur de la carène.

En revanche, le type rigide présente de gros inconvénients. C'est d'abord une mauvaise utilisation de la force ascensionnelle, dont une grande partie est employée à soulever l'armature rigide, ce qui réduit dans de sérieuses proportions le poids utile enlevé par mètre cube de gaz, et conduit immédiatement à des ballons de volumes formidables. C'est pourquoi, le premier Zeppelin d'essai jaugeait déjà 11.300 mètres cubes, volume supérieur à celui de tous les ballons construits jusqu'alors. Les derniers jaugent jusqu'à 30.000 mètres cubes, ce qui est de beaucoup les aéronats les plus gigantesques qu'on ait jamais osé construire.

Un autre inconvénient considérable des rigides est l'impossibilité de dégonfler le ballon en cas de bourrasques survenant pendant un campement en plein air. C'est à cette cause qu'est dû le plus grand nombre des catastrophes survenues aux Zeppelins. Enfin, il faut ajouter la manœuvre très délicate de l'engin à terre à cause de ses dimensions et de sa rigidité même, et le prix onéreux de pareilles constructions, auquel s'ajoutent les frais énormes de gonflement, la construction de hangars gigantesques et l'entretien d'un personnel considérable.

Pour toutes ces raisons, ce type de dirigeable n'a guère été suivi jusqu'ici que par les ateliers Zeppelin, qui ont été pour ainsi dire les seuls à les construire industriellement.

Charpente rigide. — Les Zeppelins sont essentiellement constitués par une ossature en poutres d'aluminium. Cette charpente présente dans son ensemble la forme d'un long prisme polygonal à dix-sept faces (19 dans les 27 et 30.000 mètres cubes), terminé par deux pointes ogivales et renforcé en dessous par une quille triangulaire supportant les deux nacelles. Les poutres formant la carcasse sont en treillis, elles ont une section en triangle isocèle, la base tournée vers l'extérieur. Il y a des poutres longitudinales régnant dans toute la longueur du ballon et constituant les arêtes du prisme, et des poutres perpendiculaires aux précédentes formant des anneaux polygonaux. Ces anneaux contreventés intérieurement et rendus rigides par un croisillonnage en fil d'acier, divisent l'ossature en une série de chambres cellulaires. La longueur d'une cellule est de 8 mètres. C'est dans le compartimentage ainsi établi que sont répartis les ballons renfermant l'hydrogène.

Ballons à hydrogène. — Ces ballons ont la forme de la cavité de la carcasse qu'ils auront à remplir. Ils sont cylindriques dans la partie centrale, en ogive aux extrémités. L'étoffe qui les constitue est un tissu caoutchouté double. Enfin, ils sont enfermés dans des filets en ramie, tendus entre les poutres de l'armature rigide.

Enveloppe extérieure. — La carcasse rigide est tendue extérieurement d'un tissu léger en ramie, recouvert d'un enduit cellulosique blanc ou gris qui augmente sa tension et lui donne plus de poli pour diminuer les frottements dans l'air. Grâce à la forme cylindrique du ballon, il est possible de faire varier le cube des aéronats qu'on a à construire sans se livrer à de nouvelles études. Il suffit d'ajouter un ou plusieurs anneaux à la partie cylindrique. On peut, ainsi que cela a été fait, augmenter après coup le volume d'un ballon déjà construit.

Matériaux de la charpente. — Tout a été prévu en vue d'une construction rapide et de série. Les poutres sont constituées par des éléments uniformes. Des U ou des cornières d'aluminium constituent les arêtes des poutres, tandis que les contre-fiches sont des pièces d'aluminium estampées ayant une section en U. Elles sont assemblées aux cornières par deux ou trois rivets d'aluminium.

Nacelles et waterballast. — Les nacelles, au nombre de deux, sont au-dessous de la carcasse. Elles sont réunies entre elles par un couloir régnant sur toute la longueur du ballon.

Le lest est constitué par de l'eau renfermée dans des caissons en aluminium d'une contenance de 4 ou 5.000 litres. Ces caissons répartis le long du couloir, de façon à égaliser la charge, sont munis de soupapes, commandées des nacelles, qui permettent de les vider séparément.

Groupe motopropulseur. — La puissance motrice est fournie par trois moteurs Maybach de 180 HP chacun. Ces moteurs, à refroidissement par eau, sont à 6 cylindres verticaux de 160 millimètres d'alésage, 170 de course. Ils tournent à 1.200 tours et pèsent 450 kilogrammes, y compris le volant. Leur consommation est de 240 grammes d'essence et huile par cheval et par heure. Il y a deux moteurs dans la nacelle arrière, un dans la nacelle avant.

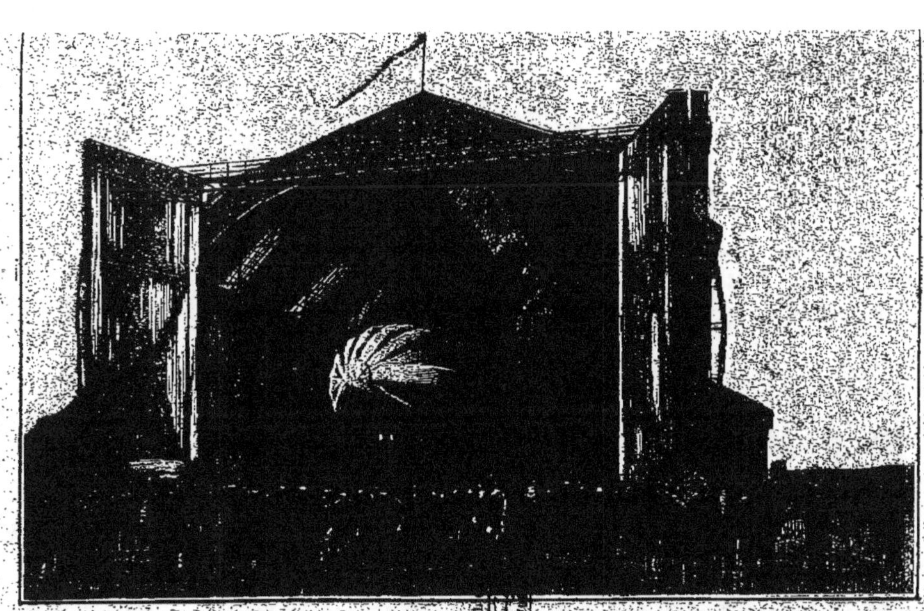

Vue des hangars de Cologne. — Ce hangar, un des plus grands de l'Allemagne, peut recevoir deux dirigeables. On y voit, garés côte à côte, un Zeppelin et un Parseval. Les portes monumentales sont mues électriquement.

Les organes de propulsion sont constitués par 4 hélices métalliques fixées à des parties rigides de part et d'autre de la carcasse à l'endroit des nacelles. Il y a 2 hélices à 2 pales à l'avant, 2 hélices à 4 pales à l'arrière. La transmission de l'effort est faite par arbres et pignons.

Remarque. — Dans les 27 et 30.000 mètres cubes, type marine, il y a trois nacelles au lieu de deux, et le couloir de communication n'est plus apparent. Ils sont mûs par 4 moteurs Maybach de 180 HP analogues aux précédents et placés : deux dans la nacelle avant, deux dans la nacelle arrière ; ils commandent 4 hélices à 4 pales.

Organes de stabilisation et de gouverne. — La gouverne de l'aéronat s'obtient au moyen d'un empennage comprenant une quille verticale et une quille horizontale fixes, placées dans les plans de symétrie verticaux et horizontaux de l'ossature. Au-dessous de la quille horizontale, sont les deux gouvernails horizontaux biplans réglant la marche en altitude. Enfin, deux gouvernails verticaux triplans sont placés de part et d'autre de la quille verticale entre l'empennage fixe et les gouvernails horizontaux. Ils assurent la direction horizontale.

Armement. — L'armement, fort variable, de ces dirigeables, est constitué par des mitrailleuses et des canons-revolvers ; il y a habituellement une mitrailleuse par nacelle et une sur une plate-forme au sommet du ballon ; un couloir vertical avec une échelle intérieure permet l'accès sur la plate-forme, d'où l'on peut se défendre contre un ennemi aérien se trouvant à une altitude supérieure. On peut également faire le point de cette plate-forme.

Enfin, les Zeppelins emportent aussi une quantité plus ou moins considérable de bombes de divers modèles. Elles affectent généralement la forme d'une grosse poire surmontée d'une poignée pour le lancement. Il y en a de différents calibres, les plus grosses pèsent 49 kilogrammes.

III. — **La flotte aérienne allemande avant la guerre.**

L'État-major allemand au moment de la guerre disposait de 13 Zeppelins de différents types :

Le *Z-2* et le *Z-3* (17.500 mètres cubes), 140 mètres de long, 14 mètres de diamètre, 18 mètres de haut.

Le *Victoria-Louise* et le *Hansa*, 18.700 mètres cubes, 148 mètres de long, 14 mètres de diamètre, 18 mètres de haut.

Le *Sachsen*, le *Z-1*, le *Z-4*, le *Z-5* et le *Z-6*, 19.700 mètres cubes, 141 mètres de long, 14 m. 80 de diamètre, 18 m. 80 de haut.

Le *Z-7* et le *Z-8*, 22.000 mètres cubes, 156 mètres de long, 14 m. 80 de diamètre et 18 m. 80 de haut.

Le *L-3* (Marine) 27.000 mètres cubes, 158 mètres de long, 16 m. 58 de diamètre, 18 m. 80 de haut.

Le *L-4* (Marine) presque achevé, 30.000 mètres cubes, 165 mètres de long, 18 m. 40 de diamètre, 21 mètres de haut.

Il conviendrait d'ajouter le *M-4* et *M-1* (type « Gross ») de 13.000 et 6.000 mètres cubes, les *P-4*,

P-3 et *P-2* (type « Parseval »), de 10.000 et 8.000 mètres cubes, et le *Schutte-Lanz-II*, de 23.000 mètres cubes.

Depuis, de nombreuses autres unités ont été construites qui sont venues s'ajouter à ce nombre pour remplacer les dirigeables abattus au cours des opérations militaires.

Des renseignements de source sûre permettent d'affirmer que les ateliers Zeppelin peuvent construire un dirigeable en trois semaines.

IV. — **Hangars et fabriques d'hydrogène.**

Pour garer ces colosses et les alimenter en hydrogène il fallut créer des hangars immenses et des usines à production considérable. Là encore l'Allemagne n'a rien négligé en vue de se procurer un outillage de premier ordre.

Les Usines. — Il y a 4 centres de grande production : l'usine Elektron à Eitterfeld, l'usine de Griesheim, près de Francfort, l'usine Elektron de Gersthofen, près d'Augsburg, et l'usine de Dresde.

Ce sont de grandes usines électro-chimiques dans lesquelles l'hydrogène est un résidu de la fabrication de la soude électrolytique. Il faut ajouter l'usine de Stassfurt, dont on ne connaît pas la production exacte. Indépendamment de ces grands centres de production d'hydrogène, il a fallu créer à Friedrichshafen et à Berlin, près des immenses ateliers de constructions aéronautiques, des usines spécialement destinées à la production de l'hydrogène. Ce corps y est obtenu par la décomposition au rouge de l'acétylène.

A ces sept grandes usines il convient d'ajouter une

vingtaine d'autres établissements pouvant produire une quantité plus ou moins restreinte d'un hydrogène dont la pureté varie suivant le procédé de fabrication employé.

Enfin, un matériel très complet de grands tubes d'acier permettant le transport rapide, par voies ferrées, d'hydrogène comprimé à 250 atmosphères, complète le réseau des usines de production et donne la facilité de renflouer facilement un dirigeable obligé d'atterrir en un point quelconque du territoire allemand.

Les Hangars. — Pour garer ces immenses aéronats, dont les plus vastes mesurent 165 mètres de long et 21 de haut, il a fallu ériger des abris immenses. Il y a des hangars fixes et des hangars démontables. Les premiers sont en charpente métallique, en béton, quelquefois en bois. Ils sont couverts en tôle ondulée, en rubéroïd (sorte de carton-cuir) ou en éternit. Les portes monumentales, nécessaires pour clore ces constructions gigantesques, sont à charnières ou à coulisses, parfois ce sont de simples rideaux. Pour manœuvrer ces portes, il a fallu avoir recours à des moyens mécaniques puissants. C'est ainsi que les portes du hangar de Cologne, qui ont 24 mètres de haut, plus grandes que celles de la grande écluse du canal de Panama, sont mues électriquement.

L'orientation des hangars a une grosse importance, il faut qu'elle soit dans la direction des vents dominants afin que le vent ne trouble pas les manœuvres d'entrée et de sortie du dirigeable. Pour pouvoir

Un Zeppelin, type marine, de 27.000 mètres cubes. — On remarquera qu'il est pourvu de trois nacelles et que le couloir qui les relie n'est plus apparent.

entrer et sortir par tous les temps on a imaginé des hangars tournants, qui sont, sans contredit, le clou de ces constructions « kolossales ». Tout le hangar est construit sur une vaste plate-forme circulaire qui peut tourner autour de son centre et se placer dans n'importe quelle direction pour recevoir le ballon. Ainsi est construit le hangar de Cuxhaven. Enfin, il était question, avant la guerre, d'établir des hangars tournants et à éclipse, c'est-à-dire pouvant s'enfoncer dans la terre à la façon des tourelles de certains forts, et se dérober ainsi au repérage des avions et au bombardement.

Les principaux hangars existant avant la guerre sur le sol germanique étaient ceux de Baden-Baden-Oos (158 mètres de long), Berlin-Biesdorf (135 mètres), Berlin-Johannistahl (162 m. 50), Berlin-Tegel (Braun-schweig, 180 mètres), Cologne (140 mètres), Cologne-Bickendorf (150 mètres), Cuxhaven (180 mètres), Dresde (191 mètres), Dusseldorf (152 mètres), Franc-fort (160 mètres), Friedrichshafen (178 et 140 mètres), Gotha (156 mètres), Hambourg (160 mètres), Kiel (170 mètres), Kœnigsberg (170 mètres), Leipzig (193 mètres), Mannheim (145 mètres), Metz (150 mètres), Potsdam (168 mètres), Strasbourg (150 mètres).

Depuis la guerre les hangars ont été multipliés; c'est ainsi qu'il y en a trois nouveaux à Leipzig. Enfin, plusieurs de faibles dimensions, qui ne figurent pas dans l'énumération précédente, ont été allongés et peuvent maintenant recevoir des Zeppelins.

V. — **Ce qu'ils peuvent faire.**

On a parlé, pour les derniers types, de 2.500 kilomètres de rayon d'action, 77 kilomètres de vitesse, et de la possibilité d'emporter plusieurs tonnes d'explosifs. Ces chiffres, fortement exagérés, ne signifient rien. Il est évident que le nombre de bombes qu'on peut emporter est lié à la longueur du parcours à accomplir, qui change la quantité de combustible nécessaire et la quantité de lest indispensable pour se maintenir à une altitude suffisante.

Leur vitesse maxima n'a jamais dépassé 70 kilomètres à l'heure, en circuit fermé. Le maximum de ce qu'ils peuvent faire est fourni par les essais de réception du *LZ-24* (27.000 mètres cubes) qui atteignit 3.125 mètres d'altitude, battant à cette époque le record allemand de la hauteur pour dirgeables, détenu jusqu'alors par le *LZ-23* (3.065 mètres). Ce même dirigeable resta en l'air 35 heures, effectuant un parcours de plus de 1.700 kilomètres au-dessus de Friedrichshafen, Bâle, Francfort, Metz, Bingen, Brême, Héligoland et Johannistahl. Il convient de remarquer que toute la charge utile transportable était sous forme de combustible et que le dirigeable n'emportait ni armement, ni explosifs, et que l'aéronat opérait dans des conditions météorologiques absolument favorables.

Au point de vue d'un raid militaire, une mesure plus exacte de leur puissance est donnée par la tentative qu'ils ont accomplie au-dessus des côtes anglaises, parcourant une distance de près de 1.200 kilomètres. On a compté une trentaine de bombes de 49 kilogrammes lancées, croit-on, par 2 dirigeables, ce qui fait moins de 750 kilogrammes d'explosifs par aéronat.

Lorsqu'on se demande combien de bombes ils peuvent emporter dans une tentative au-dessus de Paris, c'est à peu près sur ce chiffre que nous devons tabler. En tous cas, cette quantité ne pourrait dépasser 1.000 kilogrammes d'explosifs, ce qui ne constitue pas la centième partie des projectiles nécessaires à un bombardement sérieux.

Voici à ce sujet quelques comparaisons particulièrement suggestives avec les bombardements terrestres, données dans *le Figaro*, par le commandant d'artillerie Ferrus : « En admettant qu'un Zeppelin soit capable d'emporter au maximum un poids utile de 1.000 kilogrammes, cela représente moins de 140 projectiles de 75. Cinq Zeppelins, c'est-à-dire une belle flottille de dirigeables, peuvent donc emporter environ 700 obus de 75, un peu plus de la moitié de l'approvisionnement d'une batterie de campagne.

« En supposant qu'ils parviennent à les déverser
tous sur Paris, cela ferait un obus pour 10 hectares.
Le nombre des victimes dépasserait, au reste, diffi-
cilement quinze ou vingt, ce qui correspond à peu
près au nombre de personnes écrasées chaque se-
maine à Paris, par les voitures, au vingtième des
décès hebdomadaires résultant de la tuberculose, ou
au dixième de la mortalité journalière.

« En réalité, le danger des Zeppelins est inexistant.
La probabilité d'être tué à Paris par une bombe
aérienne, un jour d'incursion des dirigeables allemands, est très inférieure au risque que l'on court
chaque jour en descendant les six étages d'un modeste logement de la Butte Chaumont, et ce risque
est encore assez tolérable. Au reste, d'une façon gé-
nérale, le danger des bombardements ordinaires est
à peu près nul. Le bombardement de Strasbourg en
1870 (150.000 projectiles de 15 centimètres) a fait
300 victimes ; celui de Paris, au cours de la même
campagne, en a fait 180.

« Le bombardement des places maritimes par une
flotte est encore plus inoffensif ; le général Borgnis-
Desbordes l'a surabondamment démontré il y a une
vingtaine d'années. Et cependant un cuirassé mo-
derne de 20.000 tonnes emporte une quantité de mu-
nitions autrement considérable qu'un Zeppelin de
20.000 mètres cubes, et les messagers qu'il expédie
pèsent facilement une demi-tonne, sans compter
que leur vitesse initiale est voisine de 1.000 mètres,
alors qu'une bombe de dirigeable a bien de la

peine à acquérir une vitesse 6 à 7 fois moindre. »

On voit, par cette comparaison pittoresque avec l'artillerie terrestre, que les bombardements des Zeppelins sont incapables d'un résultat stratégique important, et qu'ils peuvent tout au plus viser à un effet moral.

Mais ce modeste résultat, même, n'est pas aisé à atteindre ; les raids de ces colosses de l'air sont extrêmement difficiles, au seul point de vue aéronautique. Trois états atmosphériques leur sont particulièrement hostiles, ce sont : le vent, la pluie et la neige, le brouillard.

La manœuvre d'un Zeppelin devient dangereuse dès que la vitesse du vent dépasse 6 à 7 mètres à la seconde. Le départ et l'atterrissage sont alors des plus difficiles et il se produit, pendant la navigation, une fatigue excessive dans l'armature du dirigeable dont la marche se trouve ralentie et tombe à moins de 50 kilomètres à l'heure.

La pluie et surtout la neige, en venant se déposer, en mince couche, sur l'immense surface de l'enveloppe, amènent une surcharge qui peut se chiffrer par plus d'un millier de kilos, contraignant l'équipage à des sacrifices considérables de lest, parfois même à un atterrissage en rase campagne.

Quant au brouillard, s'il a l'avantage de dérober l'aéronat aux canons ennemis, il a, par contre, l'inconvénient de gêner au plus haut point le pilotage du croiseur ; car il est absolument indispensable de repérer sa marche, par rapport au sol, pour corriger sa dérive. Si le ciel est couvert, il faut donc ou naviguer au-dessus des nuages, et alors on risque de s'égarer et de manquer son but, ou naviguer en dessous, et l'on est près de terre, offrant ainsi à l'ennemi une cible admirable.

Durant le mois de décembre la vitesse moyenne du vent a été de 12 mètres à la seconde, avec des maximums de 25 à 30 mètres, et les jours de calme ont été presque tous des jours de pluie ou de brouillard; on voit le peu de latitude qui reste aux Zeppelins pour accomplir leurs sorties ; d'autant que l'état atmosphérique favorable doit se maintenir pendant toute la durée du voyage.

L'attaque des côtes d'Angleterre a été précisément accomplie dans une période de calme exceptionnel, qui dura 3 jours.

A part les troubles atmosphériques, les Zeppelins ont deux grands ennemis : le canon et l'aéroplane.

Quand on songe au nombre d'avions allemands abattus depuis le début de la campagne, à 2.000 mètres d'altitude, malgré leurs dimensions minimes, on comprend quelle cible merveilleuse doit offrir l'immense carène d'un dirigeable qui présente dans le ciel une surface de 2.500 mètres carrés, soit l'équivalent des façades des immeubles d'une moitié de la rue Royale. Pour échapper au canon, les Zeppelins doivent naviguer le plus haut possible, 2.000 mètres au moins. Or l'altitude ne s'obtient qu'au prix d'une grande dépense de lest.

Pour naviguer à 2.300 mètres, il faut sacrifier un

quart de la force ascensionnelle totale, c'est-à-dire
que si cette force ascensionnelle est de 24.000 kilogrammes, par exemple, comme c'est le cas des dirigeables de 22.000 mètres cubes, on devra se défaire,
pour se maintenir à 2.300 mètres, de 6.000 kilogrammes de lest.

Voilà qui réduit singulièrement la quantité d'explosifs à emporter, et cependant, une altitude de
2.000 mètres est tout à fait insuffisante à un dirigeable pour échapper aux canons. Force leur est
donc d'opérer la nuit, ce qui aura en outre l'avantage de les mettre, dans une certaine mesure, à l'abri
de la poursuite des avions ennemis.

Les avions, en effet, ont une vitesse pratique qui
atteint facilement 110 kilomètres à l'heure et dépasse
de près de la moitié celle des dirigeables qui, comme
nous l'avons dit, n'est pas supérieure, en pratique, à
70 kilomètres.

Devant une attaque d'avions, les Zeppelins n'ont
qu'à battre en retraite en se couvrant par le feu de
leurs mitrailleuses. Encore ne doit-il pas être aisé
d'atteindre un aéroplane en tirant d'un dirigeable,
alors que le dirigeable est pour l'avion une cible
merveilleuse.

De toutes les raisons que nous venons d'exposer,
il résulte que les raids des Zeppelins apparaissent
comme très difficiles. Deux conditions leur sont indis-
pensables : avoir beau temps et passer inaperçus, donc,
avant tout, opérer la nuit, par une nuit calme, sereine
et obscure, par un ciel découvert et absolument noir.

VI. — Conditions d'un raid sur Paris.

D'après cela, voici comment peut avoir lieu le raid d'un dirigeable. Pour venir à Paris, il partira d'un des hangars démontables de Metz, Bruxelles, Namur ou Maubeuge. Celui de Maubeuge, situé à 185 kilomètres environ de Paris, est le plus rapproché. Le dirigeable choisira un temps calme ou un léger vent debout afin de pouvoir s'en retourner au plus vite et disposer de la plus grande vitesse absolue possible, après son coup fait, dans le cas où, pourchassé, il devrait rebrousser chemin. Enfin il voyagera la nuit. Le départ aura lieu dans l'après-midi afin de franchir nos lignes à la nuit close, d'être dans l'obscurité au-dessus de la ville à bombarder et de pouvoir rentrer au petit jour. Le voyage s'effectuera le plus silencieusement possible et l'équipage n'emploiera ses projecteurs que pour repérer l'endroit où il doit jeter ses projectiles.

Quant à la façon de se protéger contre la venue de ces engins, la première tactique est une extinction complète de tous les feux, en sorte qu'à moins de la présence de la lune, aussi gênante du reste pour le dirigeable que pour la cité, aucun indice lumineux ne révèle l'emplacement de cette dernière.

Au cas où l'on entendrait une explosion, ou bien où l'on verrait un dirigeable au ciel, la meilleure protection est de rentrer dans les maisons et de se réfugier si possible dans les caves ; c'est là qu'on est le plus en sécurité.

Le bombardement d'une ville par un ou plusieurs Zeppelins ne saurait avoir aucune conséquence stratégique, cela est prouvé, en dehors de tout raisonnement, par les bombardements de Nancy, Varsovie, Anvers, et des villes de la côte anglaise.

Toutefois, si l'effet moral peut être important, il n'est pas en proportion avec les sacrifices exigés par la construction et l'entretien de ces colosses de l'air.

De tous les dangers de la guerre, les Zeppelins sont assurément le moindre.

TABLE DES MATIÈRES

3983. — Imprimerie spéciale de la Maison BLOUD et GAY.

9 782012 861862